AF222595

HERRSTEINMANN

TIRADEN EINES GENIALEN TAUGENICHTS

Bibliographische Information der Deutschen Nationalbibliothek
Die Deutsche Nationalbibliothek verzeichnet diese Publikation
in der Deutschen Nationalbibliographie.
© 2008 T. M. Steinmann
Herstellung und Verlag: Books on Demand GmbH, Norderstedt
ISBN 978-3-83701-914-8

Geschmiedet im Geifer der Adoleszenz

Gewidmet mir selbst

„Mein Ort ist an der Spitze einer Brücke, die über einen dunklen Strom geschlagen wird. Die Existenz auf diesem vorgeschobenen Bogen wird mit jedem Tage unhaltbarer, der Absturz drohender, falls nicht von drüben spiegelbildlich ihm die Entsprechung, die Vervollkommnung entgegenwächst.
Aber das andere Ufer liegt dicht im Nebel – und nur zuweilen dringen unbestimmte Lichter und Töne aus der Dunkelheit."

Ernst Jünger, Strahlungen

„But I tell you something -
   wenn net,
      wenn net,
         dann net."

Falco, Emotional

„Caesar möge nur an ihn herankommen, wenn er Lust habe; er werde erfahren, was die unüberwindlichen Germanen … mit ihrer Tapferkeit vermöchten."

Ariovist, Caesar, De bello Gallico

„Slow down,
      relax,
         it's too late to worry."

Laid Back, Baker man

Identität

Tür auf,
Hand her,
fühl Dich nicht eingeschüchtert.

Zieh ein in meine kleine Welt,
mit dem Gespann in entlegene Provinzen.
Willkommen, ich bin der

Ela|tiv *der*, -s, -e
aus lat. elatus "erhaben, hoch"
Sprachw.: absoluter Superlativ [ohne Vergleich].

Zornig mit zwanzig,
narzisstisch mit dreißig,
verheiratet mit vierzig.

Mensch des 19. und wohl auch des 21. Jahrhunderts,
in allen Wandlungen und Widersprüchen mit sich identisch
und in aller Identität doch voller Facetten.

Geschwängert von meinem Blick
kommen manche nie mehr,
doch die meisten für mehr.

Verschwinde oder ich lass dich erschießen

Es beginnt mit Zuversicht,
Glaube, Verblendung.

186cm Gold, 24-Karat-Gier,
Kugeln prallen ab an meinen Augäpfeln,
die Ohren taub vom Korkenknallen,
die Welt – mein Aschenbecher.

Irritiert erwarte ich, dass mich etwas aufhält,
da es nicht kommt,
setze ich den Pfad zum Gipfel fort.

Seht mich an,
und dann seht euch um.

Ausgelaugte Sterne dämmern dahin.

Mein Atem heißt Jetzt.

Salonlöwe, Favoritenschreck, Chefdramaturg.
Ein Schock kommt überall durch.
Kein anderer verdient es mehr.

Der schmale Kerl mit dem Napoleonhut zeigt seine Trümpfe.
Sieben auf einen Streich verheißt die Gürtelschnalle.

Vom Äquator zum Polarkreis –
Ich steche mir in den Finger
und unterzeichne mit einem Haken.

Land

Das Land symbolisiert durch den Minotaurus,
vom menschenfressenden Ungeheuer
zum Opfer haltungsverscherbelnder Scharmützel,
zum Sinnbild gegenwärtiger Orientierungslosigkeit.

Zeitalter voller Glanz als oxidiert abgetan
und vertändelt innerhalb einer Generation,
um das nässende Dunkel
hinter kappender Schwärze zu versiegeln.

Der Gang bis hierher hat Kraft gekostet.
Sie aber nicht genommen.
Geschichte ist ein Pendel.
Die Wucht von zweitausend Jahren lässt sich nur sedieren,
nicht töten.

Sie lacht aus dem Fenster,
während das Vehikel an Fahrt gewinnt
und Kurs auf ideologisches Pappmaché nimmt.

Geh, Gutmensch.
Genug lähmendes Gift verleimt.
Bück dich weg.
Der Bremsweg wird lang sein.

Nicht, dass du unter die Räder kommst.

Phönix

„Warum" fragst du mich.

Warum Ambivalenz?
Warum Bodensatz?
Warum Spieler und Spelunken?

Türen öffnen sich.

Ich lese im Bodensatz
und erkenne Serifen,
nachdenklich gerändert wie poröse Falten
um matt eingesunkene Augenhöhlen.

Blauer Spelunkenqualm als Surrogat
für ein ehrwürdiges indianisches Rauchritual.

Rostige Nachdenklichkeit, eingefressen wie ein Karzinom,
schimmert bronzefarben unter aufgesetzter Lautstärke.

Ich lese im Bodensatz
und häute mich in erlauchter gestrauchelter Gesellschaft.
Gedanken gescheiterter Fürsten sind ein üppiges Mahl.

Zerzauste Hähne, verglüht und doch hellwach,
atmen dankbar interessiert
den Sinkflug des jungen Feuervogels ein.

Ich lehne lächelnd im Cockpit,
und streife streichelnd über aschbestäubte Felder.

Der Feuervogel durchlebt seinen Zerfall.
Und aus seiner Zerstörung erhebt er sich stärker als zuvor.

Zeitmillionär

Nutzloser Zeitmillionär, der ich bin,
gestrauchelt, aber schwebend,

gilt es noch Prinzipien zu proklamieren,
Ideen zu verscherbeln und Grundsätze
mit glasigen Augen in die Nacht zu schmettern,

mit dem Panzer auf die Autobahn zu driften,
ein Schloss in den Bergen beim Spiel zu gewinnen
und wieder zu verlieren,
auf der Witzseite einer überregionalen Tageszeitung zu landen,
die Eigernordwand zu besteigen
und akademischer Abfahrtsweltmeister zu werden,
die Zwischenzeit als Mein zu betrachten,
als fetter Hofnarr in einer Talkshow aufzutreten,
den Teufel mit seinen Schlangenschuppen zu verspotten,
mit Methorn in der Hand und in Bärenfell gewandet,
eine vermessene Ansprache im Bundestag zu halten,
aufstehen als völlig überbewertet zu erklären,
in Verblendung zu tanzen
und schlussendlich vergessen die Musiker zu bezahlen.

Für heute.

Disziplinlos filigran

Maßlose Disziplinlosigkeit.
Nur tendenziell hedonistisch;
eher glasiert mit Gleichgültigkeit.

Auf dem Trottoir weiche ich
nicht mal mehr den Hundehaufen aus;
jedoch mehr wankend, als stolzierend.

Nicht gewillt auf verlockende Offerten einzugehen;
jedoch mehr schwankend, als stolz.

Mit der Rechtfertigung, dass es nötig ist,
zuvor die Batterie aufzuladen.
Jedoch ist sie das längst.
Vielmehr schon überladen.
Wie ein Akku, dem zuviel Strom zugeführt wurde –
leistungsvermindernd, kontraproduktiv.

Üppiges Essen, Dampfwalzen voller Schlaf,
exzessives Marodieren, kurzweiliger Gedankenabgleich,
punktierte Expeditionen ins Abenteuerland.

Das einzig Dauerhafte, Bleibende,
das Einzige, dem ich mich aufopferungsvoll beuge,
ist die meditative Reflexion meiner Selbst,
im Kontext der großen Unbekannten.

Üppig, walzend, exzessiv, kurzweilig und punktiert,
am Rockzipfel zerbrechlich filigraner Klarheit.

Spielbetrieb

Schneidende Blicke, schlurfender Gang,
jeder ein Cowboy in seiner eigenen Dimension.

Kommunikation steigt proportional mit eroberten Summen
- und umgekehrt.

Gin Tonic und Mentholrauch kühlen
den imaginierten Siegeszug um die Welt.
Alkohol und Adrenalin bekämpfen einander,
Entspannung gewinnt die Oberhand.

Ich lasse versunken den roten Faden vor mir zappeln und peitschen.

Weibliche Croupiers, faszinierende Wesen,
stets verschlossen und doch empfänglich.
Manche Frauen potenzieren ihre Wirkung
auf den zweiten Blick um ein erschütternd Vielfaches.

Gedanken wummern, Stimmungen flackern,
die Nuancenvielfalt an Wahrnehmung hält mich davon ab,
noch verrückter zu werden.

Zwischen Selbstverschwendung und Selbstzerstörung
quetsche ich mir die Krone selbst aufs Haupt.

Siehst du mich, du torkelnder Gigant – ich bin die Schleuder.

Ich bin ein Wurm, der sich in seiner eigenen Empfindsamkeit krümmt.

Nie wieder entstand ein derartiger Zusammenschluss von Begabung,
als damals, als ich allein am Tisch der großen Halle saß.

Richtung Hasard, bitte

Langbeiniges Elend,
Krawatte bis in den Schritt gebunden,
zu lange auf Zahl gesetzt.

In aufrichtiger Niedertracht
um die zum Munde führende Hand gespielt.
Provokant und doch völlig abwesend
zum Singsang meiner rhythmisch
vibrierenden Blutzirkulation fabulierend,
auf die händebindende Genugtuung wartend,
einen letzten Schlaftrunk an der erloschenen Bar zu genießen.

Tiefe Sessel, locker gruppiert,
milchiger Gesang schmeichelt meinem Ohr.
Herzrhythmus verlangsamt sich und blubbert zufrieden
zu hängenden Lidern.

Zwanghafte Zuversicht

Verhängnis ergibt sich nicht aus Missbrauch,
sondern aus Beharrlichkeit.

Entscheidend ist nicht
der Gang ins Spiel,
Entscheidend ist,
nicht mehr zu gehen.

Man gewinnt ein jedes Mal –
den Unkenrufern zum Trotz.

Doch das Verhängnis ist, man verharrt.
Immer.

Zwang manifestiert sich nicht aus Intensität,
sondern aus Zuversicht.

Vor der Haustür

Angefüllt mit Schönheit,
meine Haut zum zerreißen gespannt.
Unter der Lawine begraben,
besonnen krabbelnd wieder zum Leben erweckt.

Gehsteige geflutet mit Schnee,
Gestalten stolpernd auf den Straßen.
Unter eisig sterilem Schleier
verkündet die Hochhaussiedlung
Glanz und Ewigkeit.

Feixende rotwangige Kinder
blicken in meine blauen Augenringe;
nach Sinngebung gierende Paare
lichten umschlungen
das Tagesende am Waldrand ab.

Ich folge ihrem unsteten Gang,
platziere meinen Fuß in ihre Stapfen
und versinke bis zum Knie.

Kaminduft nach verheizten Tannennadeln
von meinen Lungenbläschen aufgesogen,
legt sich wie kühlendes Öl
auf meinen teergebeizten Atem.

Obwohl Alles wechselnder Jahreszeit entgegensehnt,
sehe ich in befriedigte Gesichter.

Unter eisig sterilem Schleier
verkündet die Hochhaussiedlung
Glanz und Ewigkeit.

Gelassene Trägheit

Mit Stille den Fußweg zum Markt angetreten,
zuviel Schein durchs Rohr geblasen, geröhrt, geprasst,
Pfandflaschen im Arm im Tausch gegen Grundnahrungsmittel.

In der Kinderabteilung faszinierender Flashback
im Angesicht der bunten Anpreisung,
noch immer dieselben Farben, dieselben Formen,
verschollen geglaubte Kontinuität versüßt mein Seufzen.

Die Fährte zurück an Pfützen führend,
lächle ich Dich in der dunklen Karosse aus,
während ich in der geistigen Rikscha sitze.
Ich könnte sein wie Du,
aber Du nie sein wie ich,

Arroganz durch ihre weniger grell geschminkte
Schwester Gleichgültigkeit abgelöst,
die Hassmaske wohlbehütet versperrt im Handschuhfach,
durchschreite ich die dampfende Tür
und beende mit Sonnenbrille vor dem Fernseher den Vormittag.

Diktiergerät

Gedankenkonserve -
prächtig blitzend zucken verstaute Fetzen ins Gemüt,

Bildchen, Gemälde, Landschaften,
Gerüche, Gespinste, Gemein- und manifeste Weisheiten.

Liedsequenzen, Ansprachen und Aussprüche,
Leben, anspruchsvoll verschnitten.

Eine Angewohnheit aus früher Jugend,
Zehn Jahre Schall und Rauch auf Band gebannt.
Mein Herz blüht in nostalgischen Gewändern.
Mein Herz blüht und blutet von zuckenden Schnitten.

Ich fläze im Sessel und lache Tränen über mich selbst.

Kraft, Energie, Gedankenseile und –stränge
winden und krümmen sich in einem kreativen Amoklauf,
in einem engumschlungenen Tanz auf einer frisch gemähten Anhöhe.

Ich bin verliebt.
Ich bin verliebt
in die meditative Reflexion der Brise, die mein Leben bestimmt.

Lied

Ein Lied, ein Lied,
er spiele uns ein Lied.

Mit in die Luft gereckten Armen
und geschlossenen Augen.

Ein Lied besoffen vor Tiefe
und staubig vor Größe.

Innerhalb der ersten zart gezupften Takte
bereits gefangen, eingesponnen
im Wissen um ein neu aufflammendes Liebesverhältnis.

Ein Lied monströs und edel
wie die Hindenburg im Sinkflug.

Zungenbisse, Blutgeschmack im Mund,
im Versuch der Gänsehaut Herr zu werden.

Ein Lied.

Eingeholte Ideale

Anderntags als ich abermals satt und selbstzufrieden,
eingelullt wie in einen Wattebausch
auf der Parkbank vor dem Schloss verweilte,
sprach mich dieser formvollendete Stadtstreicher an.

Viele Obdachlose erfüllen nur mehr allzu nachlässig das Klischee
vom stinkenden, verlausten Vagabunden
mit dem Einkaufswagen voller Existenz.

Kleiderspenden und geregelte Mahlzeiten verklären wohl
den ersten oberflächlichen Blick.
Erst die chronisch tabakvergilbten Finger der einen
und die Dosenklammernden Griffel der anderen Hand
unterstützen bei der weiteren Kategorisierung.

Dieses Exemplar aber war klassisch. Ganz die alte Schule.

Man muss sich die Lage schön trinken, sagte er.
Nicht schön, nur interessant, rülpste ich.
Schön sei sie bereits, nur langweilig.

Die auf seinen Unterarm tätowierte Kalaschnikow faszinierte mich.

Die gellende Dummheit unserer Zeit widert ihn an, meinte er.
Im Pantheon der Schlichtheit sind wir alle vereint, erwiderte ich.

Das gefiel ihm.

„Jede bewaffnete Aktion unterwirft den Zwang der Verhältnisse,
dem Zwang der Ereignisse;
und erhält, insofern dem Ereignis ein – wenn auch nur subjektiv –
idealistisch-moralischer Funke innewohnt, seine Legitimation."

22

„Verführung und Gewalt, Zuckerbrot und Peitsche,
ist nichts entgegenzusetzen, da sie beide Extreme
der menschlichen Emotion versorgen. Dagegen kann auch
liberal gemäßigter Breitband-Brei nicht antreten."

Er sagte, ich hätte den Denkschein.
Ich sagte, er sei an Galanterie nicht zu übertreffen.

Er fragte nach Geld.
Ich gab ihm ein Bier.

Er fragte nach dem Weg.
Ich zeigte an den Horizont.

Wechselnde Szenerie

Den Arm baumelnd über der vom letzten Unfall zerbeulten Tür,
zerbrochene Zigarettenspitze thront unter zerborstener Sonnenbrille,
dabei Bowie's „Let's dance" falsch intonierend,
an der lokalen Polizeistreife vorbei
durch die letzte Winterpfütze gehuscht,
hinauf im Biergarten mit Alpenblick gestrandet.

Neugierig, suchend, unzufrieden:
der Ausdruck der Intelligenz.
Der Ober schiebt seinen Wanst von mir.
Ich stelle fest, dass ich in meiner Ausgangsbox
mehr Nachrichten gespeichert habe
als in der Eingangsbox. Was sagt uns das?
Mit spaltbarem Plutonium in der Birne
lässt es sich nur schwer vegetieren.

Es beginnt zu nieseln.
Die Zukunft rotzt mir rosa ins Gesicht.
Ich schlage einen Szenewechsel vor.

Komm, Mädchen. Es ist dunkel und diesig.
Fahren wir an den See.
Wir kaufen uns im Laden eine Packung
Flusskrebsschwänze, geschält und gekocht'
und speisen mit den Fingern am Steg voller Inbrunst.
Das Leben pur.
Die Luft riecht herb nach aufgeweichtem Holz
und das Wasser, das an die Bohlen klatscht,
korreliert mit dem Mouton Rothschild
an meine Magenwand.

Ich schlage einen Szenewechsel vor.

24

Überschwang

Überdosis juvenilen Überschwang injiziert,
im Korso umhergestreift, entlegene Winkel erhellt
und strahlende Feste gedimmt,
völlig geblendet von scheinbaren Herausforderungen.

Türsteher degradiert zu Pförtnern,
ungeahnte Kreativität im Erschleichen von Dienstleistung,
Barleute beschissen,
Frauenblicke gesammelt,
ins Ohr geröhrte Fragmente – Konversation mutiert.

Auf dem Parkplatz
Ärger entfacht – Streit geschlichtet,
Leben auf der Autobahn gerettet, Kind entbunden,
Schule im Senegal eingeweiht, Blut gespendet – nicht getrunken.

Gute Menschen.
Gute Zeit,
neugierig und direkt.
Gelingt es Dir, nur einen Teil vor den Dieben zu bewahren,
hast Du wertvolle Karten für den Rest des Spiels.

Lorbeerkranz

Umkränzt von einem Rudel Helden in die Nacht gezogen,
mit Fanfare, Kutsche und Gesang.
Wahrlich ein buntgescheckter Freundeskreis.
Visionäre, Schöngeister, exotische Tiere.

Mit einem Meisterstreich die Destination an sich gerissen
und für sich eingenommen.
Verschiedene Charaktere, selten und spleenig,
doch dadurch geeint, mitten im Strudel nicht mehr
umkehren zu wollen.

Vielfarbiges Leuchten in den Augen,
summiert sich am Tisch zu einem Regenbogen,
an dessen Ende bekanntlich der Goldtopf steht.

Ausladende Gestik, Blicke, Zähne.

Das Publikum giert nach mehr,
weil es einen Tanz auf Ebenen fühlt,
die es selbst am Horizont nicht finden konnte.

Nach der Explosion

Leergesucht, leergefeiert und doch angefüllt.
Angefüllt mit Erkenntnissen und Emotionen,
die nach Ruhe, Kategorisierung und Klarglasfolie schreien.
Sattsam aufgebläht, angenehm auf den Körper drückend,
wie ein aufgeweichter Pickel, der nach einem Bad am Spiegel zerläuft.

Ein Gefühl der Ordnung stellt sich ein,
angenehmes, verlangsamtes Ticken.
Die staubige Asphaltkruste verschwimmt im ausufernden Vollbad.

Ich drehe eine der Glühbirnen aus
und schwitze im Halbdunkel, tausche Salz gegen Salz.

Ich lausche der schnarrend fordernden Stimme einer Waldfee,
die auf einer Harfe zirpt und vom Kontrabass begleitet
ihr Refugium einfordert.

Ich rieche an meinen Armen. Sommerhaut.
Der körpereigene Geruch, der durch die Haut
nach Sonneneinstrahlung schmilzt.
Der einzige Grund im Winter ins Solarium zu gehen.
Ein Parfum-Patent und ich wäre reich.

Verbliebenes Licht verzerrt am Wasserhahn meine Proportionen,
umspült mit leuchtenden Flecken meine Silhouette.
setzt mir ein Strahlen auf den Kopf.

Ausgeglichenheit beginnt sich an die Poren zu schmiegen,
Atmung und körpereigener Säurehaushalt nivellieren sich
auf die mollig tickende Heizung.

Im Kopf strahlende Flecken lassen meine Lider
zucken wie bei einem Säugling:

27

Kalte Zehen in meiner Hand, während ich sie rhythmisch schaukle;

die gesamte Entourage, die die Fanfare der Destruktivität erklingen lässt;

Gleichgesinnte, die sich ins Laufrohr zwängen und Saltos schlagend lachend mit dem Bauch aufs Eis knallen;

Die lieblich schnarrende Stimme raunt weiter ihre Sicht auf die Welt. Es ist nur ein schmaler Schritt von sittsam zu seltsam.

Flaneur

Nachmittag,
Volksprater,

vor sich hin schlendern,

Diazepam im Haupt,
Diktiergerät in der Hand,

leuchtender Blick,
eingelulltes Denken,

Zeit liegt im Gras,

im Führerbunker brennt noch Licht.

Im übertragenen Sinne

Im übertragenen Sinne bekomme ich Zuneigung gerne
auf einem Silbertablett serviert.
Ansonsten schmeckt sie nicht.

Im übertragenen Sinne wie ein Hund.
Ein Hund der alten Schule.
Stolzierst Du am Zwinger vorbei,
wird nicht gehechelt, nicht gekläfft.
Vielleicht gekratzt. Angeblickt.
BeHerrscht, obwohl Jagdtrieb stets präsent,
wird gewartet bis Zwinger und Kette gelöst werden.

Im übertragenen Sinne bekomme ich Hingabe gerne
in einem Silbernapf serviert.
Ansonsten schmeckt sie nicht.

Versorg mich

Emotionaler Überfall,
niemand bewegt sich, bis Du alles beschnuppert hast;
das Dramafilet herausgeschnitten, gewürzt und blutig,
traditionell täglich zubereitet als Abendbrot.

Dein saugender Blick,
Dein drängendes Ohr,
fordern stetige Versorgung.

Tags – verflüchtigte Stunden am Äther,
verdunkle ich die Helligkeit mit meinen Weisheiten,
Nachts – angeschmiegte Stunden am Puls,
erhelle ich die Dunkelheit mit meinen Berührungen.

Dein saugender Blick,
Dein drängendes Ohr,
fordern stetige Versorgung.

Ich lege Dir diese zu Füßen,
verschnüre damit Deine Hände,
umgarne damit Deine Wünsche.

Warum?

Weil ich es kann.

Hohe Warte

Vom meteorologischen Vorposten in den Nebelschwaden
blitzt peitschend schallschwingend mein Zahnweiß über die Täler.

Du bist die Troposphäre,
meine Zahnpasta ist das Klima,
Ich bin das Wetter.

Frostig erwacht, Schlafschleier an mir klebend wie Trockeneis,
kalter Reptilienblick und verteerter Atem
blinzeln schuppig zum Sonnenstand,

kühl verstaute Geschäftlichkeit,
mit mildem Charme verknotete Halsbinde,
warme Gedankenteppiche provozierend,
die im Passatwind zu Luftschlössern emporwabern.

Lyrische Hitzewellen duften aus den Gemächern,
Lyrische Hitzewellen summen wie ein Drahtzaun,
sengender Wüstensand an Deinem Nacken,
singende Eiswürfel in Deinem Ohr.

Du tanzt im Niesel, wäschst Dich im Graupel.
Aufziehendes Unwetter,
Wirbelsturm,
Tornado.

Du sagst, ich kann gut mit Dir umgehen.
Wetterleuchten,
Fata Morgana,
Regenbogen.

Du irrst Dich nicht.
Ich bin Dein Wetter.

Schmelzpunkt

Ich will Dich.
Und Du weißt das.

Ich verehre Dich.

Ich lecke Deine Zähne,
verbeiße mich in Deinen Nacken,
atme Deine Haut.

(Ich.)
(Ich.)

Ich möchte in Dich hineinsteigen.

Deine Pupillen betrachten, bis es mich schwindelt.
Dir mit nassen Haaren ins Gesicht tropfen,
meine Lippen benetzen mit Deinem Salz.

Mich restlos in Deine Gier einhüllen.

(Dein.)
(Dein.)

Deine Geräusche schlucken,
Dein Wimmern streicheln,
Deinen entrückten Blick auf Fahnen heften.

Die destillierte Ästhetik Deines feingesponnenen Körpers
in starr zuckender Verwandlung in meine Seele einbrennen.

Die Heiligkeit des Moments wiegen, in dem Dein Ringen um Worte
unterliegt und kostbare Tränen mir die edelste aller Beschreibungen
schenken.

Ich liebe und verehre Dich.

(Ich Dein.)

Sie möchte gern

Du bist nicht dumm.
Du bist nur wankelmütig. Oder vielseitig.

Du bist alle Farben des Regenbogens.
Aber leider alle Farben blass.

Du verlangst Reflektion und Antwort in harter Währung.

Ich habe mein ganzes Leben stets in Unzen Feingold bezahlt.
Du bezahlst in Lire. Ostmark.

Aber das macht nichts.

Am nächsten Tag schon stehst du wieder
am Bankschalter in der Schlange
und krähst nach anderen Devisen.

Verschenk Dich weiterhin

Du bist bis zum Anschlag angefüllt
mit Unsicherheit und verwirrender Verlockung.

Du bist überfordert.

Die Stimmen in Deinem Kopf erzeugen einen Missgesang,
kreischend schrill und säuselnd schwer.

Deine Antwort, niedlich und hilflos, verurteilt zum scheitern,
zwingt Dich, die gesamte Tonkulisse
in einem einzigen Sangesschwall unreflektiert auszuspucken.

Ich schätze, das wirkt befreiend.

Wie ein zerschossener Oberschenkelstumpf,
abgebunden und pochend;
jeden Moment gierig hechelnd,
den pulsierenden Druck zu verringern,
den Verband zu lösen
und wohlig schwallend auszubluten.

Verschenk Dich weiterhin.

An mich.
Ich danke Dir.
An alles.
Ich denke, Du musst jetzt leider gehen.

Deine Intensität,
süchtigmachend und doch nichts wert,
Deine Ingredienzien,
Unsicherheit und verwirrende Verlockung,
Schwefel und Salpeter,

verpuffen wie Schwarzpulver -
ein gleißender scharfer Blitz.

In alten Zeiten brannte man Wunden damit aus.

Manchmal höre ich Deinen blutenden Stumpf danach schreien.

Mittelmaß

Mich interessiert ausschließlich oben und unten;
oben haben sie ihr Ego
und unten ihren Stolz,
die Mitte entbehrt meistens beides,
damit stellt sie keine Herausforderung dar.

Gebadet in
sowohl als auch,
geselle ich mich zu den einen
mit dem zweiten
und kontere mit dem anderen aus.

Doch Routine lässt mich träge werden,
somit das Spreizen der Schere seit Jahren lockt,
das Knirschen des Gelenks jedoch mit nichts als spitzer Zuversicht geölt.

Winterstarre

Zeitlupenbewegend wie ein Marathonläufer in der Momentaufnahme
gleite ich über den Weihnachtsmarkt
und inhaliere Farben, Gebäck und Gemurmel,
weide mich im Schnee stapfend an Eiskristallen,
die an meiner Lunge schaben,
beobachte den Bandwurm pausbäckiger Kinder
im mopsigen Anorak mit Laternen in der Hand,
alte Weisen jauchzend.

Selbstzufrieden starre ich aus dem Fenster
auf die Landroute Richtung Glaspalast,
erwarte nichts, außer das Schicksal aufs Eisparkett zu führen
und mich dort mit ihm zu drehen,
bis einer von uns beiden taumelnd aufschlägt
oder sich berauscht von Glitzern und Sternchen
wieder in die Warte begibt.

Galopp oder Starre,
in steriler Landschaft wirkt beides belebend, kühn und angemessen.

Eine Frage der Einstellung

Was sucht ihr?

Die sogenannten High Potentials
mit ihren zufriedenen Geleefressen,
zufrieden mit dem madigen Witz den sie leben,
der Farce, die sie nicht durchschauen
oder durchschauen möchten,
der Farce zu der sie selbst werden
– schaut in den Spiegel –
ein potentieller Witz steht vor euch.
Ein schmerbäuchiger, geistig vor sich hinwabernder
Abklatsch einer Groteske.
Laut, grinsend, einfach.

Was sucht ihr?

Such doch erstmal Dich
und verlauf Dich dabei.

Entertain me

Angeschuldigter !
Was haben Sie sich bloß dabei gedacht.
Deine grinsende Rosette verfolgt mich täglich auf dem Bildschirm,
Deine hässliche Stimme peinigt mich täglich über den Äther,
Dein vorbeigekalauertes Wesen versaut mir täglich den Tag.

Du bist so umsonst.
Schande über Dich.
Dein Zug fährt nur noch nach Nirgendwo.
Dein Geflachse wie Spinnweben,
rhetorische Runzeln in Deiner Fresse,
verteerter Klamauk stinkt aus Deinen Poren.
Du bist derart umsonst.

Hast Du was zu sagen?
WAS - Fragezeichen.
NICHTS - Punkt.
Du stinkst.
Du bist müde, satt, zufrieden und stinkst.

Euer faszinierend hässlicher Abgott, euer Rattenfänger,
Blinddarm der Gesellschaft, ein Luftballon voller Methan.
Komm her, ich hab Feuer.

ANGESCHULDIGTER !
Raus.

Anspruch

Die Divergenz zwischen Anspruch und Wirklichkeit
fasziniert mich täglich aufs Neue.
Der Anspruch an mich selbst ist der Ritter
in glänzender Rüstung auf seinem Schimmel,
die erhabene Wirklichkeit, der Ritter
mit der zerbrochenen Lanze auf seinem fetten Pony.
Immerhin ein Ritter.

Mit Mantel und purpurrotem Schädel, gebrochenem Abzugsfinger,
auf der Suche nach der Fackel der Weisheit;
mit einem gleißenden Blick vor dem die Sonne sich verschluckt.

„Gute Nacht" brüllte der baltische Stiefelknecht über den Hof,
setzte sich auf seinen Esel und galoppierte in den Sonnenuntergang.

Zeitgeist

Nach der irrtümlichen Bombardierung einer Hochzeit
trat der geschundene Tambourmajor vor die Presse
und verlangte Absolution.

Das linksliberale Gutmenschentum ist unanständig und vulgär.
Eine Scheißidee, die den Leuten bald in der Fresse explodieren wird.
Täglich aufs Neue mit der Faust ins Gesicht geküsst zu werden,
kann zu nichts führen als zu einem Glas randvoll mit Galle.
Und ich werde es nicht trinken.

Der moralische Zeigefinger lähmt meine Gedanken
wie Tentakeln einer Qualle.
Genau deshalb lasse ich das Glas wieder zurückgeben.
Mit besten Grüßen an den Ober, Empfänger ist verzogen
und anmaßend, zurück an den noblen Gönner.

Auf dass er sich vom Tisch wegsetze,
das Etablissement verlasse,
sich in seinem lächerlichen Kostüm verheddere
und zum gallertartigen Ursprung seiner Scheinexistenz bequeme.

Zeig mir Deinen Zeigefinger und ich schneide ihn Dir ab.

Lernbereitschaft

Stehlt weiter meinen Traum,
meinen anmaßenden Wunsch
nach Häutung und Haltung.

Nivellierend euer Blick in die Zukunft,
versifft wie ein vergilbter Vorhang
in einer Bahnhofsspelunke.
Abgestandene Toleranz und kalte Handflächen.
Eure erbärmliche Betroffenheit
langweilt mich lähmend.

Sucht den Regenbogen,
dessen Vielfarbigkeit ihr für euch beansprucht,
gefunden habt ihr die Tristesse eines Gebrauchtwagenmarkts.

Das Boot wird sinken, begraben von der bunten Brücke im Regen.

Festival

Versammlungen und Feiern wären ausnahmslos im Sinne
vom steinernen Altamont zu begehen.

Zuversichtlich, erwartungsgierig aufebbend,
überzogen mit herbstlich milchiger Strahlung,
die bereits erstes Verhängnis erahnen lässt.

Das Publikum fühlt instinktiv,
mit lachendem Kiefer und ahnungsschwerer Pupille.
Der Bandleader in voller Majestät,
umgeben von seinem dunklen Konsortium.

Entrückte Zuckungen,
kollabierende Vibration,

wirft er über den kreischenden Höhepunkt
sein schattig schweres Netz aus,
dem aufgerissenen Fischaugenkörper
seine nebelschwangeren Erfüllungen einsoufflierend.

Geld

Tja.
Geld.
Erheitert mich.
Geld ausgeben, das man gar nicht hat, erheitert mich.
Geld ausgeben, das man hat, nicht.
Geld HABEN ist primitiv,
Geld AUSGEBEN nicht.

IchklaueDirDeinenPorsche,
setze ihn in die Auslage vom Juwelier,
springe raus auf den roten Teppich,
stolziere wie ein Gockel auf den Kameramann zu,
stranguliere ihn mit der Federboa der Diva links von ihm,
entführe dann Miss Germany um sie zu miss brauchen,
und bekomme hoffentlich keinen Appetit,
weil nicht ich, sondern sie zu ausgekocht ist.

Sonnenflackern

Dichtgebraten in der Sonne vor sich hinwesend;
der Sud vom letzten Exzess drückt sich durch die Poren,
sammelt sich im Nacken und dünstet in das Hemd als Kissen.
Die sengende Schwere, in die ich mich gebettet habe
wie in eine aufgeplatzte Wurst,
lässt meinen Kopf sirren.

Schwitzende Starre.
Trockenlegung von emotionalen Sumpflandschaften.
Reinigung.

Zuckende Augenlider,
hinter denen geschmücktes Blendwerk zu erahnen ist:

Ich stehe mit der Fahne in der Hand am Trafalgar Square
und kämme meine Mähne im Spiegelbild einer Pfütze.

Kriechendes Getier sticht mich in den Zeh.
Im gedanklichen Leerlauf starre ich
einen äonenhaften Moment benommen ins Leere.

Tanztee

Im alten Strandbad am See
ist im Sommer nachmittags Tanztee.
Alte Herrschaften im weißen Smoking,
Damen mit Blaustich in den Haaren,
marmorne Tanzfläche am Wasser, römische Säulen,

und ein klassischer Einheizer mit Keyboard
und kleiner Lichtampel, Mikrofon
mit dünnem Kabel in der Hand,
„Copa Cabbana" oral zelebrierend.

Lackschuhe schaben vor – zurück.
Dort verbringe ich gut ein Drittel meines Sommers,
es ist skurril, es zirpt die Luft, begrabt mich da.

Pomade in der Birne, Schampus in der Hand,
Gedankenperlen schäumen in den Geist.
Augenzwinkernde Koketterie und Pathos,
feierlich und doch leichtfüßig,
veredeln den Moment.

Perfektes Klima

Jedes Grad mehr - eins zuviel.
Wärme und Wind, Hand in Hand,
Haut zum duften zu bringen.

Eine vom Forstamt kultivierte Lichtung erfrischt mein Gemüt,
lockt zur Entspannung wie ein Teppich,
in den ich mich mit knackenden Rückenwirbeln strecke.

Wären alle Tage so verschwenderisch vollgesogen
mit blühendem Duft,
wäre ich überzeugter Nichtraucher.

Geruchsblitze lassen Nachmittage aus meiner Kindheit auferstehen,
irritiert verharre ich einen Moment.

Strahlen schmiegen sich an Arm und Bein wie warme Haut
und dennoch vollzieht sich Bewegung ohne Schweiß.

Perfektes Klima.

Ufer

Wie Luft manchmal duften kann,
schmatzender, schlurfender Schritt,
schlierenhaft metallener Schleier
schafft klaren Kontrast,
ummantelt dankbar die Lage;
bequem und gelassen
fläzt sich das Wasser um die Kurve,
der Verstand versinkt im Kies,
knirscht an Deinen Füßen,
braune Steine, geädert wie ein Karzinom,
kühle Luft –
möchte ich aufsaugen, austrinken wie ein Fass.

Flusslicht

Einem bestimmten Licht im Spätsommer
gelingt es unseren Flüssen
ein mediterranes Wesen zu verleihen,
ockerfarben durchsetzt und zirpend,
und doch viel feiner,
weil gelassener, kühler,
ohne zittrigen Fliegenstrom
und verschwitzte vermaledeite Madensuppe.

Gestern

Gestern war ein guter Tag;
im Rinnstein vor dem Schloss blitzte mich
ein altes 50 Pfennig Stück an;
vom gleichen Jahrgang wie der Schlossherr;
zum Schuster gerollt, poliert und durchlocht,
ziert mein Hals nun ein markiges Amulett.

Auf der Rückseite eine Frau,
die eine junge Eiche pflanzt.

Grandma's Hands

Deine Hand gleicht der meinen.
Dein Profil erzählt von meiner Blutlinie.

Ich steige mit Saxophon am Mund
aus dem schwirrenden Flugzeug
und widme Dir das Abendrot,
den sich verzerrenden Raum tief auskostend,
einem verglühenden Funken
auf trockene Felder rasend gleich.

Ich falle.
In Deine Hand.
Ich hänge an deiner Hand.
Tief atmend fallend.
Ich bin aus deiner Hand.
In rasendem Puls ruhend.

Deine Prägung,
Deine Liebe
hat mich glaubend gestanzt.

In dieser erhabenen Zackigkeit fallend,
strecke ich mich nach Deinem tiefen Blick.

Ein Nachmittag im Schaukelstuhl

Ein Freund von mir kann recht gut malen,
malte mich in archaischer Gesellschaft,
irgendwann zerbrach der Rahmen,
ich hob die Scherben auf
und formte daraus die Lettern meines Namens,
und ließ alles liegen,
und lass alles liegen,
setzte mich wieder in den Schaukelstuhl,
rauchte und betrachtete meine Füße,
elegante Füße, lang und feingliedrig,
auf eine althergebrachte Weise fast schon fürstlich,
rauchte weiter und begann zu singen.

Sie wünschen?

Die uneingeschränkte Regierungsgewalt,
ihr glücklichen Speichellecker.
Geh hausieren mit Deiner netten Art.
Würfel um Deine Cleverness.
Zweite Person Plural sieht sich auf der Witzseite.

Ihr bremst mich. Ich empfinde es abermals als unanständig und vulgär.
Unser Spielfeld wird das ganze Land sein,
Ich hoffe,
ihr wisst das.
Ich hoffe,
Du zergehst an der Amöbenruhr.

Du bremst mich,
in meiner Kontemplation in Gott.

Spute Dich.
Spute Dich, unwürdig zu agieren.
Die Scheinwerfer mit ihrem Leichenschimmer sind hungrig.
Der Aufnahmeleiter ruft schon nach Dir.
Beeil Dich.
Husch.
Husch (Verzisch Dich).

Eine Farce

Ich habe meine immanente Überlegenheit,
mein affektiertes Gehopse eigentlich satt,
manchmal satt.
Aber ich erkenne keinen anderen Pfad,
um Dich zu verstehen.
Versteh das nicht als Entschuldigung,
im Endeffekt ist es bloß Ernüchterung,
eine Farce, der Du am besten
mit einem Augenzwinkern begegnest -
von beiden Seiten.
Es sollte mehr gelacht werden;
jedoch nur, wenn uns währenddessen
dummer Speichel aus den Mundwinkeln läuft.

Zwinker.
Zwinker.

Ein hinkender Vergleich

Diese kleinen Holzstände am Marktplatz;
verkaufen Bonbons, Drops in allen Farben,
Größen und Geschmäckern.
Allein schon der Geruch gefällt.

Damen und Drops.
Viele Geschmacksrichtungen.
Viele schmecken gut.
Die Packung zu schnell leer.

Und man eine neue will.
Und manchmal liegt das nicht am fehlenden Geschmack,
sondern an der leeren Schachtel.

Ein hinkender Vergleich.

Direkte Rede

„Sagen Sie,
gehört Ihnen dort der gelbe Lamborghini in der zweiten Reihe?"

„Wussten Sie,
dass Information im Allgemeinen überbewertet und besonders
in den Händen von Amtspersonen zum subversiven Gegenstand wird."

„Den Namen."

„Nennen Sie mich Beauftragter für den 1000 Jahres Plan."

„Es gibt Mittel und Wege das Herauszufinden."

„Eine Waffe MEINT was sie sagt, wussten Sie das?"

„Rieche ich etwa Alkohol?"

„Wussten Sie, dass Eleganz das höchste Ziel
einer jeden Bewegung sein sollte? Ich spreche von einem Level
auf dem bereits das reine „Tun" zu einem Vergnügen wird."

„Sie werde ich mir merken."

„Das sollten Sie. Ich bin sehr bekannt."

Da tat sich plötzlich der Himmel auf und ein Feuerball verzehrte die
beiden Helden.

„Es sollte doch keine direkte Rede geben. Ich hasse die direkte Rede."

quod erat demonstrandum

Wrackmente

Gedankenschleifen purzeln durch meinen Verstand.
Gedanken geschliffen an der Rinde des Hirnstamms:

Politik ist die Daily Soap der Intellektuellen.

Der Begriff der Statik:
Das Knarzen bei Funkstille zweier Walkie-Talkies.
Nicht weil keiner spricht;
sondern weil Staub reflektiert wird.
Und alles zu Staub wird.
Der Beweis der Unvergänglichkeit.

Im Vorstellungsgespräch mit einem Abschluss in „Lernen" protzen.

Von der Maid gefragt werden, wo man am Wochenende war
und antworten, man war überall. Und damit richtig liegen.

Den Beschluss als Demagoge in die Geschichte einzugehen doch
verwerfen,
und sich von nun an als Papier fressende Raupe, die Seide spinnt,
wertschätzen.

Einen Frack, bitte. Ich sinke.

Roulette

Pech wie Scheiße an den Stiefeln,
steht er da wie eine 1,
setzt Zahl,
rote Misere,
miese Gesichter umrunden ihn,
auf der Suche nach klickender Erleichterung.

Zuversicht rennt mit offenem Hosenstall herum
und ihr Schwager Verhängnis freut sich diebisch
grinsend wie eine dralle Katze.

Seismograf

Den katerigen Sonntag schätze ich sehr,
gespannte Sinne,
nuancenreich wahrgenommene Reize,
die Natur wirkt wie ein Aderlass
auf alles Unzufriedene in mir,
fließt aus meinen Fingerkuppen,
zäh wie Öl – klärend und konzentriert.

Brise

Algenschimmer ummantelte Landschaft,
aufgeplusterte Jacken, Wind weht

mir den Schwefel aus dem Schädel,
Lunge entledigt sich verderbter Nichtigkeiten,

mein innerer Takt eicht sich zurück
zum Brechen der Wellen.

Ein Spaziergang

Auf den Spuren des Waldschrats,
zieht es mich immer wieder ins ländliche Dickicht.

Dutzende Grüntöne leuchten, strahlen und glimmen mich an;
Geruch von Moos,
würzig, modrig, leicht rauchig
umweht meinen Schädel.
Die Luft am Übergang von frisch zu kühl.

Ich stibitze einen Zweig,
trage ihn wie eine Reitgerte
und berieche das Holz.

Den Hochsitz geentert wie ein Lausejunge,
schlagen majestätisch Weiß und Blau am Himmel ihre Schlacht.

Ich erkenne einen Moment durchtränkt von Erhabenheit;
und ich erkenne meine eigene Abhängigkeit davon.

Feierallee

Der Club riecht nach Essig.
Gesichter aus Plastik schwadronieren beschwingt über ihre
kaum zu übersehende Behändigkeit und Feigheit,
fassen neuen Mut,
reiben ihre Schneckenhäuser voll Persönlichkeit aneinander.

Charmant für Zwei,
ziehe ich mir zwangsläufig den Groll der Lokalprominenz zu

und

lausche fasziniert
dem schnörkellosen Klatschen meiner Fingerknöchel.

Zwar dringt die aufschlussreiche Ursache des Disputs zu mir hindurch,
jedoch nicht dessen Wirkung.

Puls ist erhöht,
und doch fühle ich mich gelassen,
erinnert an einen Sonnenbrand im Liegestuhl.

Allerorts wird groß geschlichtet
und unzulänglich schlecht um Fassung gerungen.

Der Rhythmus wechselt seinen Verve,
und ich kann mich einem beschwingten Tänzeln
meiner Animositäten nicht entziehen.

Müßiggang

Nach elf Stunden Schlaf zufrieden müde erwacht.
Ausgiebig ins Leere glotzen,
gähnen,
Frühstück.
Knarzende Gelenke.

Aus Mangel an ernstzunehmender Alternative abermals ruhen.
Später im Gartenstuhl auf den Rasen stieren.
Barfuß durch das Gras fahren,
erst trottend, dann flanierend, schließlich lustwandelnd.

Speisen,
atmen,
blinzeln.
Und dann am Abend auf Nachfrage hin erwidern,
dass meine einzig produktive Leistung heute war,
mir die Fingernägel geschnitten zu haben.

Ein Bild

Nachmittag.
Dämmerung.
Mein Bett speit mich gurgelnd aus.

Ich setze mich vor den Kühlschrank.

Ansprechendes monotones Ticken.

Haltbarkeit verlängernd,
angenehm temperiert,
nur auf den ersten Blick steril.

Meine Wohnung selbst ein Kühlschrank.
Ein Bild im Bild.

Ich bin der festen Überzeugung, dass Schlafen klug macht.

In Gedanken

sehe ich lange, milchig weiße Beine auf meinem Bett.
Katzenhaft eingerollt, feingliedrig und elegant.
Schmale Finger vor geschürzten Lippen,
die sich mit der Vibration ihres Brustkorbs mitbewegen.

In Gedanken.

Der Fernseher springt an,
und ich beginne eingehend,
dem Testbildsignal zu lauschen.

Modellierte Köpfe

Es klingelt. Er ist da.
Der Postbote schiebt mir mit grinsender Zahnlücke
das Paket mit der purpurnen Schleife durch den Türrahmen.

Er scheint zu passen.
Goldene Lettern auf dunkelblauem Grund.
„*Gratulation zu ALLEM*" in feinster Stickerei.
In Gedanken drücke ich das zwölfjährige Kind
mit den blutigen Fingerkuppen in Taiwan.
Das sollte gefeiert werden.

Draußen scheint die Sonne.
Ich gehe ins Kino.
Drei Plätze, bitte.
Ein Fräulein glotzt mich an. Sie riecht nach Flieder.
Ich stelle mich artig vor und verbeuge mich. Imperator Rex.

Auf der Rückfahrt fühlen wir uns beschwingt.
Sehr zuvorkommend beginnt sie tolldreist zu phantasieren.
Ich erzähle ihr von meiner Arbeit.
Walfänger.
Wahlbeobachter.
Hautarzt.

Ich empfehle ihr als Jet-Set Legende
in die Geschichte einzugehen.
Ihre Augen sind glasig vor Erregung.
Am Golfplatz angekommen, drehe ich
ihr zu Ehren mit Handbremse einige Schleifen am 9. Loch.
Im Clubhaus schließlich mit kühlen Badelatschen
und Getränken versorgt,
zwinkern wir uns auf der Terrasse unanständig zu.

Der Bildhauerei gehört die Zukunft, sagt sie.
Damit scheint sie wohl Recht zu haben.

66

Sommernachtstraum

Im offenen Feldwagen lorbeerbekränzt
und mit Megaphon geschultert,
wiehernd wie ein Pferd über Rosenblüten ratternd,
an der lokalen Parteizentrale vorbei,
barfuß den Chauffeur auffordern
mir auf die Schulter zu klopfen.

Richtung Gebirge an der Autobahnraststätte
den Purpurmantel gegen Flaschen eintauschen.

Den Gipfel gestürmt auf blutenden Stümpfen
zusammenbrechen
und in den Wind, Sturm, Orkan
seinen Namen mystisch intonieren.

Mit Blitzschlag im Kopf und schlohweißem Haar,
als weiser Mann geläutert, rückwärts
ins Schloss in den Wäldern torkeln
und dort den Thron im Kamin verheizen.

Auf dass der Qualm sich gnädig über das weite Land lege
und Kinder voller Vorfreude,
mit im Schlaf zuckenden Mundwickeln,
die neue Ära herbeiträumen.

Träumen - ja, Träumen sei wohl gestattet.

Dirty Realismus

Realistenbrut.
Immer wieder.

Mit ihren akkurat
in die Haare geflochtenen Läusen.
Aufgeräumtes Denken.
Euer Denken ist genauso verlaust,
wie das der Übrigen.

Ich will euch schön,
nicht realistisch.
Zeit, das zu begreifen.

Falsche Zeit.

Reflexion

Gedanken, stetig klopfend an Deiner Rinde,
Gedanken, flackernd wie eine Kerze bei einem verkorksten Rendezvous,
Gedanken, wie ein NAGEL durch Dein Vorderhirn getrieben,

lasse ich das Diktiergerät laufen,
und wasche meinen Kopf im Badezuber,
wringe die Synapsen aus wie einen Lappen,
erleichtere mich auf dem Thron,
halte die Faust parat,
verhüllt in einem seidenen Handschuh,
und warte auf den Wind.

Denn nur der Wind legt die Leichen frei von Sand
und schmirgelt Statuen ihr endgültiges Profil.

Ohne Wind macht es keinen Spaß.

Ein Finale mit Hingabe

Heute hat mich eine Biene gestochen.
Sie hat mich in den Bauch gestochen
und sich danach
ihre gesamten Innereien
im Fortlaufen selbst herausgezogen.

Und ich saß einfach da
und habe ihr dabei zugeschaut.

Dein Naturell

Es ist nicht nur der aufgeplusterte weinrote Teppich,
der meinen Gang so federnd erscheinen lässt,
was mich am Ambiente anspricht;
sondern ebenso der gewaltige Kronleuchter,
der über uns schuppenbehaarten Wieseln thront.

Ich mag Kronleuchter.
Am liebsten würde ich mir selbst einen über den Kopf hängen.

Doch dann kommt so ein grässlicher Hybrid angetaumelt,
rempelt Dich an und verstört Deine Stimmen, stört Deinen Zwiespalt.

Diese wankenden Halbtoten,
die mit ihren markierten Chips den gesamten Tisch zudecken.
Ich habe diese Art von Taktik nie ganz durchschaut.
Was soll das?
Entweder es kommt die einzige Zahl, die unbedeckt blieb
und sie verlieren.
Alles.
Oder es kommt – einmalRest –
und sie gewinnen.
Bisschen.
Ein bisschen Gewinnen, bitte.
Klassisches Oxymoron.

Ruhig Blut, junger Steinmann. Konzentriere Dich auf Dein Spiel.
Dutzende Pläne schießen mir durch den Kopf:

Ich sollte ein Lied aufnehmen, das nur aus Zischlauten besteht.
Ich sollte den Innenminister auffordern, meinen Eltern
Goldmedaillen per Eildekret zu verleihen.

Doch vielleicht sollte ich nur meinem taumelnden Freund
mit der kranken Gesichtsfarbe und den markierten Chips
endlich ein Bier mit Strychnin ausgebe

Pendelbewegung

Dieses Level auf dem sich alles einpendelt.
Verhängnisvoll.
Mein Drang nach Ausgeglichenheit vollzieht sich
vornehmlich über Muse und Emotion.
Und die Intensität die es dabei verlangt,
um eine ansprechende Ebene zu erreichen,
ist so verhängnisvoll wie eine Dampfwalze.

Verschlafene Vormittage führen über
nachdenkliche Ausflüge ins Grüne
zu exzessiven Auftritten in der Nacht.
Selbst nach verpfändeten Summen
im Zwei-Stunden-Takt treibt mich mein Weg
anschließend an die Tankstelle,
um sich besonders in solchen Momenten
eine überflüssige Flasche exklusiven Perlweins zu leisten
und ihn überdrüssig aufstoßend in mein Denken zu drücken.

Dass dies mit der Zeit stagniert, ist mir dabei durchaus klar.
Aber ein gewisses Level sollte angestrebt
und nicht unterschritten werden.
Verhängnisvollerweise.

Doch verheerend nicht allein das hohe Level,
auch die Ungeduld
mit der dieser fragile Zustand anvisiert wird,
auch die Variabilität,
die nuancenschwangere Vielseitigkeit,
mit der ich mich auf den Weg begebe.

Aber ein gewisses Level sollte angestrebt
und nicht unterschritten werden.
Verhängnisvollerweise.

72

Gleichgültig was ich beginne zu erforschen.
Im Laufe der Zeit muss die Dosis erhöht und beschleunigt werden,
bis schlussendlich doch die Grenze der gewünschten Erfahrung und
Emotion gefunden
und abgesteckt wird.

Die Fahne gehisst, den Südpol erreicht.
Auf zum nächsten Ziel (Weg).

Solange es noch weiße Flecken
auf der Landkarte meines Verstandes gibt,
bin ich voller Zuversicht.

Aufmerkend stelle ich jedoch fest,
dass ich mich für mein Alter bereits auf Pfaden erprobt
und Feldern geschlagen habe,
die mir erst später hätten zustehen dürfen.

Das stimmt mich stirnrunzelnd.
Der Weg hat schließlich weiterzugehen.
Denn falls die Sackgasse kommen sollte,
würde ich auf meiner Autobahn des Alltags,
den abgewetzten Bremsen und geöltem Gaszug,
ergreifend und schlicht in die Wand bersten.

Vielleicht wird es Zeit zu verlangsamen,
nicht zu bremsen, auszurollen,
und an der Raststätte eine Portion Standardmenü zu löffeln.

Dumm ist nur, es schmeckt so schal.
Eben genauso dick und schal wie
abgestandene Luft – zu oft inhaliert – Großraumbüro – weiße Wände.

Verhängnisvollundweise.

Hader

Unzulänglichkeiten, dicht gestaffelt,
taumelnd,
scheiternd am eigenen Ideal.

Mein Gefühl salzig vernarbt,
narbig von gesuchten Striemen.

Erfahrungen verführen wegabwärts,
Trampelpfade,
abseits von Herrlichkeit,
beschweren mein Mitgefühl,
verengen den Fokus,
besudeln, beflecken die Perspektive.

Anmaßend und unverwundbar die Sinne leise gedreht,
Hand abgewiesen, Fleisch geschnitten,
in Wind und Eis verliebt,
um die schützende Schale glänzend zu versiegeln.

Aber abseits der Hand bedrückt Bedauern,
fehlt die Stimme,
in die ich mich einzurollen gewohnt bin.

Läuterung schuppig vor Augen,
fehlt Disziplin zur Katharsis,
in deren sorgende Hände ich zu gedeihen gedenke.

Schwachsinniger Neurotiker, zieh eine Karte!

Und Du kannst es nicht lassen.
Du kannst es nicht lassen.
Wenn die Eitelkeit von hinten angesaust kommt,
Dich umschubst,
und lachend an Dir vorbeirennt.
Du kannst es nicht lassen.

Jede Möglichkeit sich vermessen sonnend,
im schummrigen Licht der Zahlenburg,
eine weitere Welle erlaubend,
verdutzen zu lassen, wird mit Kusshand angenommen.

Dabei nimmst Du durchaus in diesem
sonnenbebrillten Tempel der Entspannung
den verhängnisvollen Verwesungsgeruch der Stufenbewohner wahr.
Und wirst immer mehr zu einem der ihren.

Der instinktiv erkennende Blick der Gleichgesinnten,
die den Sumpfrand an Deinem Hals wahrnehmen.
Er schmeichelt Dir nicht, erschreckenderweise
verstört er Dich aber auch nicht.
Vielleicht bin ich doch einer von euch.

Doch ist es, proportional gesehen, mehr die steigende Gewohnheit,
nicht die steigende Faszination, die uns gleichmachend,
gleichschmeckend übers Maul spült.

Es wird Zeit,
den Schlitz im Anzug zu zeigen, zu verlangsamen,
und am See direkt zu rasten.
Und nicht hinter der Glasfassade
mit bloßem Blick darauf zu verharren.

Es wird Zeit,
Dir das Gebirge authentisch
mit säurehaltigem Schweiß zu verdienen,
und die verlockenden Klimmzug-Tricks
in Deinem Kopf auszutrumpfen.

Es wird Zeit,
bevor der schummrig scheinende Sumpfgesang
sirenenhaft Dein Bewusstsein überstrahlt.
Verdammt.

Selbstgericht

Definiere bitte „Erlebnis".
Hat keinen Sinn.
Geh weg von mir.
Geh sterben.
Du nicht.

Der dreckige Schwof auf dem Parkett der Dekadenz
mit Rotz voll mintgrüner Euphorie
gelingt nicht Jedermann.

Ich bin schuldig.
Schuldig und uneinsichtig.
Aber dies mit Mut und Herz und Unbarmherzigkeit.

Deine Durchsichtigkeit ist der Faden mit dem ich mich fesseln kann,
da ich weiß, dass Dir 5 nach 12 zweifellos zu spät ist.
Ich jedoch werde zur Geisterstunde prinzipiell erst lebendig.

Und diese Nächte im Morast beweisen eins:
Intensität und Hingabe gibt es nicht geschenkt,
Halbherzigkeit verblüht
und nur Vermessenheit führt auf die Zielgerade,
selbst wenn man auf dieser dann röchelnd in Ohnmacht fällt.

Ich bin uneinsichtig, verbohrt und dumm.
Aber Du bist langweilig.

Doch solange mir die Gnade zu Teil wird
mich zu erheben,
und sei es nur um abzuschmieren,
bin ich
im Sinkflug,
im Sturzflug

der gellend lachende Narr mit den kupfernen Flügeln
und dem Blei in den Beinen.

Denn jede verspielte, abwegige, seltene und spleenige Facette
in der ich Fuß fasse,
Fußtritte verteile,
mich Bandwurmartig breit mache,
bestätigt abermals nur eins:

Ich bin.
Du nicht.

Kokon

Die Laterne schneidet ein Tortenstück
voll Flutlicht ins nächtliche Samtgrau.
Ich erlebe den entscheidenden Moment
als sich Regen zu Schnee verpuppt.
Schalldicht durch die Scheiben separiert,
ziehe ich den Sessel zu Rate
und versinke im Tunnelblick.

Dankbar dafür, dass wieder alles erstarrt
und mich zügelt in meiner Destruktivität,
zügelt in meinem zwanghaften Lauf.

Das Pendel der Herausforderung zwischen Ruhe und Rastlos
eingefroren in der Bewegung scharf am rotgefärbten Bereich,
der bestäubt von knisternd sich ausufernden Eiskristallen
seine Grelle verliert.

Feingesponnene dunkle Netze,
ausgeworfen über den Tunnel,
verkünden klebrigsüße Schläfrigkeit.

Fette Flocken purzeln in den Lichtkegel
und Schatten fülliger Ziersträucher
verschmelzen zu abstrakten Mustern.

Feingesponnene dunkle Netze,
ausgeworfen über den Tunnel,

verkünden klebrigsüße Schläfrigkeit.

Klebrigsüße
Schläfrigkeit.

Kommende Dekaden sollten es beweisen

Zeit einen Begriff richtig zu deuten:
Dekadenz
hat wohl stets etwas
mit ungebührlichem Rollenverhalten zu tun.

Jeder bekommt von der Gesellschaft eine gewisse Rolle,
einen gewissen Stand zugewiesen.
Hierbei bedeutet Dekadenz nun weniger,
sich diesem Stande ungebührlich,
im Sinne von primitiv,
also abwärts gerichtet, zu verhalten,
sondern sich vielmehr
nach oben pochend zu gebärden.

Schimmernder Schein über stumpfes Sein.

Das muss keineswegs mit dem klassischen Repertoire
hedonistischer Völlerei einhergehen.
Dekadenz ist völlig frei von Zahl.
Neureich, nie reich – gleichgültig.
Einzig anmaßendes Rollenverhalten,
zersetzter Standesdünkel,
ist maßgebend.

Dekadent kann sein, dass ich mich
mit meiner zugewiesenen Rolle als
- dreh das Rad -
Depp,
Held,
Hausnummer,
Arbeitnehmer – spontan dazu entscheide,
nicht aufzustehen.
Aus einer Laune heraus.

80

Weil ich keine Lust darauf verspüre und mir das herausnehme.

Demnach hat Dekadenz sogar etwas Aufrührerisches.
Mit der Feinheit, dass jene Bezeichnung als verbissener,
besessener, fataler zu gelten hat.
Dekadenz ist frei davon. Leichtfüßig. Blumig.

Der Aufständische kämpft inbrünstig
für die Verbesserung seiner Rolle.
Der Dekadente nimmt sie sich schlicht heraus.

Eine Sinfonie?

Manchmal fügt sich alles recht harmonisch zusammen.
Angefangen vom Zimmer-Upgrade,
dass Dir seinen majestätischen Ausblick
auf Tiefseeblau annähernd entgegen drischt.

Im Foyer, Duft nach gebratenem Schalengetier,
die fettigen Finger mit Gewürzseife gespült.

Uzo aus Weißbiergläsern -
im ausladenden Separee glotze ich dem Sonnenstand zu,
wie er über mich hinwegzieht.

Barfuß, dafür ohne Helm
liefert hoffnungsvoll überzüchtetes Geschoß
in Kurvenlage buntgescheckte Eindrücke.
Verschossene Energie wird durch
aufgerissene Augen und Mund eingesogen,
eingespeist, eindiniert.

Mit sonnengegerbter Nase
und schelmischem Blick in eine Toga gewandet,
vertiefe ich zugeworfene Blicke,
gesponnene Fäden, die zu Seilen verwandelt
an meinem Charme festgezurrt werden.
Fremdländisches Raubtier, stolz aber anschmiegsam.
Sätze, die über meine empfängnisbereiten Schwielen
der Eitelkeit streicheln.
Nachts trage ich Häuptlingsschmuck
und werde mit Federn verziert.

Geblendet von derart Zierwerk verjüngt sich meine Haut
und reift mein Verstand.
Angefüllt mit Harmonie beschließe ich
ein gelasseneres Kerlchen zu werden,
und werde erwartungsgemäß chancenlos scheitern.

82

Virtuoser Zirkel

*** Ich fühle mich phantastisch.
Vollgestopft mit einem Kilo Krabben,
verabschiede ich den Ober mit dem Victory-Zeichen.

Mit übertrieben lautem Gähnen plumpse ich in mein Vehikel.
Vor mir der Transporter eines Restaurateurs mit der Aufschrift:
„Kulturguttransport – bitte Abstand halten".
Eine fabelhafte Idee, meinen Lack damit zu verzieren.

Auf der Landstraße drängt Bipolarität vehement an die Herbstluft,
indem Sitzheizung mit Sex Pistols kombiniert wird.
Warme Ledersitze und radelnde Hindernisse
aus dem offenen Verdeck umschubsen –
Olympische Disziplin?
Verblendet von lavaähnlich zähflüssig verzerrtem Selbstbild,
fühle ich mich wie der erste Kaiser des Mondes.

Mein Schneckenhaus und die Gerechtigkeit,
die ich mir darin aufgebaut habe:
Tür aufgerissen, dann erst geklopft.

Ausgestreckt Reisen, ohne sich zu bewegen.
Raum genießen in all seinen Dimensionen.

Die nächste Seite sollte beginnen mit dem Satz: ***

Plumpe Freude

Nachmittags.

Aus plumper Freude am Hedonismus,
trotzig mit azurblauen Augen die Kellnerin betrachtend,
ließ ich mir schelmisch den Schmerbauch streicheln
und erfreute mich gesellig am Gestank des Alltags.

Und während ich trank,
und während wir weitertranken,

flüsterte ich dem seidenschimmernden Hufschmied
des Nachmittags in sein erlauchtes Ohr,

dass sein verwerflicher Verve
mich nicht mehr beschwingt,

als ein verknöchertes Pferd,
das schmutzig wiehernd

in die abgestandene Tränke rotzt.

Nochmal dasselbe, bitte.

Gesindel

Gestern habe ich euch wieder mal beobachtet.
Gestern habe ich euch wieder mal durchschaut.

Gottverdammter Heide.
Euch ist nichts mehr heilig.

Gesindel flimmert in der Zauberbox,
Gesindel wummert über die Lautsprecher,
Gesindel kalauert in der S-Bahn,
Gesindel sendet Klingeltöne über den Schulhof.

Gesindel ignoriert mein schmerzgepeinigtes Gesicht!
Gesindel.

Gesindel sollte röchelnd in der Gosse liegen.
Stattdessen herrscht Gesindel
mit der Gosse über die Gosse;
und ignoriert MEIN Röcheln.

Doch umgürtet mit Wahrheit
und gepanzert mit Nostalgie,
wappnen sich die Asthmatiker
dieser wächsernen Epoche,
um von ihren, mit dunklem Teakholz,
getäfelten Herrenzimmern aus,
dem GESINDEL
den wächsern geronnenen Schleim
aus dem Gesicht zu husten.

Aussichtslos

Ihr habt keine Chance.
Ergebt euch.
Legt euer Spielzeug nieder und ergebt euch

dem Rieseln des Talkumpuders
aus dem Megaphon
mit dem ich die Atmosphäre verdichte.

Weißer Löschkalk
zur Desinfektion auf Massengräber.

Ergebt euch.
Ihr seid umzingelt

(knackte es blechern).

Energie

Wenn ich Feinde hätte.

Wenn ich Feinde hätte, würde ich ihnen meine Energie senden.
Massiver kann man nicht agieren.

Kein Hass,
keine öffentliche Demütigung,
Verachtung oder plumpe Herausforderung.

Ich würde meine Energie versenden.
Ich würde meine Kraft mit ihnen teilen.
Ich würde einen gebündelten Strahl verschenken.

Unkommentiert.

Hier.
Fühlst du mich?
Erschreck dich nicht –

verschluck dich dran.

Gnädig

Das gnädige Gefühl der Jugend,
verschwenden zu dürfen.

Keine Eile zu haben,
bloß Zeit zu verbringen,
freudlos zu sein.

Ich mag es.

Gesang in Moll,
selbst wenn ich wohl gestimmt bin.

Ich bin dankbar.

Die Zündschnur lodert,
lösch alle Lichter,
schließ Deine Lider
und lächle zufrieden.

Lass es glitzern

Ich bin Dir nicht einmal böse.

Du bist nun mal meine Strafe.
Du bist mein Dorn im Zeh.

Erfüll Dein Klischee
und häng Dir ein Schild um den Hals.

Glitzerndes Gekecker und buhlende Unsicherheit.

Dabei bist Du mehr als das.
Seltener und tiefer. Schöner.
Welch Verschwendung.

Aber es ist Dein Schicksal, sich damit auseinanderzusetzen.
Meins ist es, darüber hinwegzugehen.

Verleihung

Verleihung mit viereckigen Hüten.
Wie hätte sich das gestalten lassen!

Bereits das Eiswürfel-Klackern mit dem Glas
hätte ausreichen müssen, um.

Punkt.

Um nachgeschenkt zu bekommen.
Um Fanfaren im Wiederholungsmodus laufen zu lassen.
Um Grazilität auf dem Teeservice zuzubereiten.

Klick-Klack.

Man bringe mir alles zusammen.
Unverschnitten, unverzüglich, unverdientermaßen.

Nachmittagsglimmen

Wohlig dampfend ausgeruht, nehme ich Platz am Portal der Kirche;
wabernd ziehen Luft, Sonne, Jogger an mir vorbei.
Mit Nutella verschmierten Zähnen grinse ich grüßend.

Zukunftspläne durchzucken meine Synapsen.
Erstaunlich klar karikiert.
Ich weiß, wohin ich will
und werde mich spontan auf dem Klo entscheiden.
Es ist längst keine Frage mehr von „ob",
sondern nur noch von „wie viel".

Einen Globalibre auf Eis und vier Schüsse ins Herz.

Keck.
Jünglingshaft mondän.
Mit Satzmacht umsorgt, umhegt,

tanze ich im roten Herbstlaub.

Dünnhäutige Barriere

Du abwartender Charakter.
Dünnhäutig und ansehnlich,
blaublütiger Gang.
Ich mag Deinen Geruch,
durch Dein Missverstehen jedoch
schmeckt mir der Sauerstoff nicht mehr.

In Dein Gesicht könnte ich mich verlieben,
doch vorher müsste ich Deine Interpretation kreuzigen.
Öffne Dich und man wird Dir Deine Fesseln mit Zuneigung massieren,
pikier Dich und Du wirst die Jahre im Kämmerchen vorbei ziehen
sehen,

Ruf mich an, wenn Du fertig bist,
ich werde die Stadt in Bodennebel hüllen lassen,
auf dem Du dann schweben darfst.

Ansonsten jedoch
darfst Du gerne hin und wieder
ein paar Fußabdrücke an meine Decke machen.

Begrifflichkeit

Das vor mich hingeworfene Ballkleid der Dekadenz.
Tagesform bestimmt das Weglassen der Schulterpolster.

Ist es?

Ist es dekadent,
das schlecht geschnittene Oberhemd zum Schuhe polieren zu
degradieren?

Ist es dekadent,
das dreckige Besteck der einen Wohnung ins Fluggepäck zu nehmen,
um es in der anderen Wohnung in die Spülmaschine zu stopfen?

Ist es dekadent,
sich mit unfrei versandtem Kuvert bei den Mächtigen zu bewerben?

Ist es dekadent,
den Zug zur zugesagten Einladung zwecks ausufernder Haarpflege zu
versäumen?

Und schließlich:

Istesdekadentemailsausschließlichohneleerzeichenzubeantworten?

Ist es?

Ja.
Ist es.

Meine Telefonnummer ist die 1

.

Rast

Vermissen werde ich es zweifelsfrei,
mehr Zeit als Verstand,
aufstehen bei Dämmerung,
Stunden vergessen unter Sätzen,
Selbstrechtfertigung unter akademischer Brillanz,

Mitternacht als zeitig produktiv empfinden,
drei Uhr Dunkelheit Spaziergang in steriler Luft
durch schlafende Straßenzüge,
gesellige Musik in den acht Wänden,
tanzend um mein faules Grinsen,

zaghaft trinkend schwirrende Nuancen an Entspannung ertasten,
zukunftsschwanger,
glänzende Nägel ausgiebiger Bäder,
Samtstimme an sich erprobend,
sich an nostalgisch wachsenden Bilderduschen reiben,
schwindende Muskeln gleichgültig schmecken,

duftende Müdigkeit,

wer viel fühlt,

sollte
        viel
                rasten.

Dauerlauf im Viertel

Ich empfinde staunende Verbundenheit zu meiner Brutstätte.

Schlechtwetterperiode dämpft das Klima frisch,
Wiesen zwischen den Betonburgen verzahnen sich zu Gestrüpp,
aus Gartenstühlen sprießen erlesene Pilzsorten.

Nachmittags der Hautevolee entsprechend
zum Einkauf in Trainingshose,
krummbeinige Relikte und ihr heldenhafter Nachwuchs
trinken sich rudelnd ihr Lachen an,
die Jugend führt klischeeüberzeugt die Vehikel vor,
der untere Mittelstand als befleißter Kitt dazwischen.

Altglas mit zerschmetternder Freude in den Container schwingend,
reiße ich gedanklich den Stadtschlüssel an mich.
Dankbar rückwärts, gläubig aufwärts, mutig vorwärts.

Kreislauf erheiternd im Park die dunklen Augenlider wegspaziert,
Kindheitserinnerungen alle naselang,
das Mysterium des Alltags noch gewunden vor sich liegend
wie ein glänzender Aal,
von Naseweis zu Nase weiß,
Abtransport der Nacht aus dem Gesicht.

Dieser stählerne Mikrokosmos ist leibgeschneidertes Rückzugsgebiet
für Puls, Gang und Iris.
In Nostalgie schwimmend, mache ich der Skurrilität einen
Heiratsantrag,
und wippe regenerierend
im pilzbefallenen Gartenstuhl ihrer Antwort entgegen.

Zugabteil

Denk,
Fetzen,
vorbei,

Lichter,
Worte,
Lachen.

Zufrieden?
Ja.
Abgebrüht.
Durch den Blick nach innen
und den Hang nach unten.
Weg vom Siedepunkt.
Gleichgültigkeit endlich greifbar.

Im halben Meter Umkreis werden Blicke niedergeschlagen.

Ich bin
zu
zu
und das ist mir dazu noch bewusst.

Nächster Halt, Passagierfragmente.
Dekorative Wahrheiten.
Sprachsud.

Das Deutsche inmitten der Nachbarsprachen,
strotzt dahin
vor spiegelnder Vielfarbigkeit, Tiefe und Macht.

Might.

Eindeutige Verwandtschaft.
Der weichgespülte Neffe und sein archaischer Onkel aus Deutschland.

Es erfüllt mein Herz.
Das Vater Unser der Ulfila-Bibel in der Hand.

Schaukelnder Express.
Wie weit ist es noch?

Bis zum Ziel,
schallt der Schaffner in bestätigender
Mehrsprachigkeit durchs Abteil.

Wippe einfach weiter

Ein schlanker Damenfuß ist etwas Feines.
Feingliedrige Zehen in Riemchensandalen.
Ein durch und durch ästhetisches Bild.

Voller Hingabe gähne ich später mit verkaterter Birne
innig gurrend in Dein Ohr.

An meinen plumpen Herzschlag
angeschmiegt wie eine geölte Forelle,
höre ich Dir beim Atmen zu.

Sie dreht sich um.

Selbst das Knacken Deiner Rückenwirbel fasziniert mich,
manifestiert nur mein Gefallen an Dir.

Bleib liegen.
Heute verlange ich kein Frühstück ans Bett.
Bleib einfach liegen
und nachher im Garten starre ich mit einem Lächeln
auf Deine leichtfüßige Silhouette,
wie Du mit feenhafter Eleganz über den Rasen tapst.

Körperwelle

Mit Deinem Gang fing es an.
Die meisten Damen gehen nicht frei.
Sie lassen sich geleiten.

Kein freier Gang.

Kein neugieriges Wegdriften, kein erregtes Tänzeln,
kein stürmisches Anvisieren.

In Deiner Körpersprache entfalte ich mich.
Einfall von Flutlichtbildern.

Die meisten lieben mit einem Dimmer.
Händchenhalten unter der Laterne.

Wir leben im Flutlicht.
Hitze brennt die Schatten ein.

Strategische Inhalation

Ich erschließe Dich wie eine neue Stadt,
ringwärts von außen nach innen,
ins Zentrum des Schneckenhauses.

Schick mir Deinen Kissenbezug,
wasch Dich in meinem Zuber,
heißes Wasser und warmes Blut,
wring Dich an meinen Rippen aus.

Mehr Stockbetten für die Kaserne der Zeit,
mein Leben, nicht gedreht mit Blenden,
sondern Schnitten,
formstill sieht mich die Vollendung an.

Hitzeblitze

Dandyhaft in weißes Leinen gewandet,
ein Relikt aus besseren Schnöselzeiten,
das Verdeck versteckt angesichts der Sonnenwucht,
eklatant eklektisches Wesen,
nur schwer zu übersehen,
verhärmt und streichelbedürftig,
berauscht von seiner eigenen Abgebrühtheit,
ein Emporkömmling
der seiner Schreckensherrschaft entgegenharrt,
den akademischen Wappenring einen Finger
neben der Narbe des Schlagrings,
Singularis Majestatis,
von dunkelgrau zu stahlblau,
der Letzte einer sterbenden Brut,
überzeugend weil überzeugt,
sich im Funkenregen mit dem Maßkrug mitteilend,
treibend, beobachtend,
ein Moralist, hoffnungsfroh der Leere entgegen,
Defensor Fidei,
voll wie ein Abortstuhl,
die kollabierende Unschuld betrachtend,
ein Glas Wasser in der Hand.

Hypothesen ertrinken unter meinem Geschrei,
Einfältigkeit verschluckt sich am Schlaf meiner Lider,
Morgengrauen erhängt sich im Licht.

Puls inhaliert.
Flut bricht.

Du bist.

Nachruf

Vielen Dank, Studentenzeit,
für klärende Reflexion und Reinigung,
für Muse,
für Wille, Wunsch und Leidenschaft,

für all die großen und mittleren Begriffe meines Kopfs und Alltags,
die ich hier mit Dir schmieden durfte.

Ich muss jetzt leider umziehen und die Weltbank leiten.

Ich werde dich immer gerne besuchen,
vorzugsweise zwischen nachts und morgens.

Es war sehr schön mit dir.

104

Der Leserschaft sei noch gesagt

Junge:
bitte nicht anreden - es sei denn, du bist ein exotisches Tier oder ein
wandelnder Gott

Mädchen:
jederzeit willkommen, ich stehe im Telefonbuch